joão
guimarães
rosa:
**a ficção
à beira do nada**

joão guimarães rosa:
a ficção à beira do nada

JACQUES RANCIÈRE

Tradução
Inês Oseki-Dépré

© Relicário Edições, 2021
© Jacques Rancière, 2019

DADOS INTERNACIONAIS DE CATALOGAÇÃO NA PUBLICAÇÃO (CIP) DE ACORDO COM ISBD

R185j
    Rancière, Jacques
    João Guimarães Rosa: a ficção à beira do nada / Jacques Rancière ; traduzido por Inês Oseki-Dépré. - Belo Horizonte : Relicário, 2021.
    76 p. ; 12cm x 17cm.
    Inclui bibliografia
    ISBN: 978-65-89889-19-9
    1. Literatura. 2. Crítica literária. 3. João Guimarães Rosa. I. Oseki-Dépré, Inês. II. Título

2021-3385
CDD 809
CDU 82.09

Elaborado por Vagner Rodolfo da Silva - CRB-8/9410

Coordenação editorial Maíra Nassif Passos
Assistente editorial Márcia Romano
Capa Tamires Mazzo
Imagem da capa Arquivo Público do Estado de São Paulo
Col. Última Hora | "Gatos Persas" do Ministro G. Rosa, 1953.
Projeto gráfico e diagramação Caroline Gischewski
Revisão Maria Fernanda Moreira

RELICÁRIO EDIÇÕES
Rua Machado, 155, casa 1 | Colégio Batista
Belo Horizonte - MG, 31110-080
contato@relicarioedicoes.com | www.relicarioedicoes.com
@relicarioedicoes /relicario.edicoes

7 João Guimarães Rosa
a ficção à beira do nada

55 POSFÁCIO
**Uma colagem pela noite:
o Rosa de Rancière**
por Eduardo Jorge de Oliveira

75 **Sobre o autor**

Evocarei João Guimarães no âmbito de uma reflexão mais ampla[1] sobre as bordas da ficção que desenvolvi num livro que toma esse título.[2] Começarei, portanto, lembrando brevemente a problemática desse livro. Este não tem como objeto a diferença ontológica entre ficção e realidade. A ficção não é, a meu ver, o ato de inventar

---

[1] A conferência de Jacques Rancière foi realizada no dia 12 de março de 2019, inaugurando um ciclo sobre Literatura Brasileira do Seminário de Línguas Românicas da Universidade de Zurique.
[2] N. T.: Rancière, Jacques. *Les bords de la fiction*. Paris: Seuil, 2017. O termo "bords" admite várias traduções em português: beiras, bordas, margens, limites... Por isso as variações em nossa versão.

mundos que não existem. Ela faz parte integrante de nosso mundo e, mais, de nossa maneira de fazer mundo. Ela é uma estrutura de racionalidade. Mais ainda, ela é, em nossa civilização, a primeira grande forma de racionalização da ação humana. Foi Aristóteles que formulou em primeiro lugar essa racionalidade ao falar da tragédia. Definiu a ficção trágica como um encadeamento de ações que modifica o estado e a consciência dos indivíduos, fazendo-os passarem da felicidade à infelicidade e da ignorância ao saber. Essa dupla passagem adquire forma racional no momento em que o desenvolvimento narrativo do tempo coincide com o desdobramento lógico de um encadeamento de causas e efeitos. A ficção é, portanto, em primeiro lugar, uma estruturação do tempo humano que o submete a um princípio de causalidade. Mas essa estruturação supõe ela mesma uma separação entre dois tipos de temporalidade. É essa distinção decisiva que Aristóteles formula no nono capítulo da *Poética*. A ficção não diz como as coisas acontecem umas após as outras. Ela mostra de que maneira as coisas podem acontecer, como consequências umas das outras, segundo um encadeamento necessário ou verossímil. Ela constrói um esquema racional segundo o qual os indivíduos passam da felicidade à infelicidade em consequência de seus próprios atos e passam, ao mesmo tempo, da ignorância ao saber. A ficção define assim uma matriz interpretativa da ação humana estruturada por dois pares de contrários: felicidade e infelicidade, esperado e inesperado, ignorância e saber.

Essa matriz interpretativa conheceu um destino singular. De um lado, vê-se facilmente que seu campo de aplicação possível ultrapassa completamente o domínio em que Aristóteles a tinha primeiramente definido, o da ação trágica. Ela pode, com efeito, encontrar sua aplicação em qualquer lugar em que se trate de mostrar como um encadeamento causal conduz os indivíduos, à sua revelia, da felicidade à infelicidade ou da infelicidade à felicidade. E é fácil ver como os princípios da racionalidade ficcional aristotélica formam hoje a matriz estável do saber que nossas sociedades produzem sobre si próprias. Nas teorias das ciências sociais, assim como nas análises do dia a dia dos políticos, jornalistas ou especialistas, esse modelo interpretativo continua em vigor. Trata-se como sempre de mostrar como uma necessidade causal rigorosa produz efeitos ao inverter as expectativas. Basta pensar nos exemplos familiares. É dessa forma que os especialistas em economia vêm todos os dias nos explicar como a proteção social destrói os empregos que ela gostaria de preservar. É da mesma maneira que sociólogos nos explicam como as revoltas anticapitalistas de 1968 permitiram ao capitalismo rejuvenescer e inventar novas formas de organização que reforçaram seu poder.

Portanto, por um lado pode-se dizer que a matriz ficcional aristotélica tem um alcance que ultrapassa bastante o único domínio das invenções poéticas. Ela encontra seu ponto de aplicação em qualquer lugar onde se trate de produzir um certo sentido de realidade, de descrever situações e de explicar encadeamentos de causas e de efeitos. E, de fato, a maior parte das análises dialéticas das evoluções de nossas sociedades, ainda que reivindiquem Marx ou outras autoridades em ciências sociais, não passam de simples aplicações da racionalidade aristotélica dos encadeamentos ficcionais. Mas – e é aqui que as coisas se complicam – essas aplicações só são possíveis com a condição de esquecermos os estritos limites no interior dos quais esse modelo encontrava originalmente sua legitimidade. Com efeito, o modelo aristotélico não era uma forma de racionalização do tempo em geral. Ele racionalizava somente a forma de tempo que se prestava a isso. E essa forma de tempo era uma forma de vida específica. Essa forma de vida na qual a felicidade podia se transformar em infelicidade e a ignorância em saber era a de uma categoria limitada de humanos: os que eram chamados de homens livres ou homens ativos: homens suficientemente livres das obrigações da vida material imediata para se proporem fins longínquos e agir para atingi-los, com o risco de ver os efeitos de seus atos contradizerem suas expectativas. A essa forma de vida se opunha estritamente a de homens que eram chamados de passivos ou mecânicos. Estes viviam no tempo em que as coisas acontecem simplesmente umas depois das outras e se repetem dia após dia: o tempo da produção e da reprodução da vida material imediata. A racionalidade ficcional era, desse modo, uma racionalidade bem específica, ligada a uma hierarquia das formas de vida. Ela deixava de lado uma forma de vida característica da imensa maioria de humanos: aquela em que o tempo simplesmente passa, dia após dia, e os seres e as coisas se reproduzem de modo idêntico. Ela isolava uma forma de vida privilegiada cujos acontecimentos podiam se encadear racionalmente no quadrado ficcional felicidade/infelicidade/ignorância/saber.

Sob essa ótica brutal, a questão da ficção ganha toda sua significação. A ficção é uma forma do que eu chamei de partilha do sensível. A partilha do sensível é essa estruturação *a priori* do mundo comum que liga as formas de construção do sentido à maneira pela qual os corpos se encontram consignados a tempos e a espaços específicos e se vêm atribuir em consequência capacidades ou incapacidades de perceber, de compreender e de agir. É desse ponto de vista que tentei pensar as transformações modernas da ficção. E é a partir daí que a noção de "bordas da ficção" ganha seu sentido. Pode-se dizer com efeito que a hierarquia aristotélica das temporalidades define o mundo da ficção como um mundo sem beiras, sem bordas. Sem ponto de contato com o mundo da reprodução cotidiana. É nesse quadro que a ficção pode se desenvolver como o trajeto necessário ou verossímil entre um começo e um fim. Contrariamente à visão dita "modernista" que define a modernidade literária e artística como um processo de autonomização, pode-se dizer que é somente no âmbito do sistema representativo definido pelas categorias aristotélicas que a ficção ganha um espaço e um tempo próprios nos quais ela pode desenvolver uma racionalidade autônoma. Se há uma revolução moderna da ficção, ela consiste na revogação dessa autonomia. Porém, a razão das ficções não se encontra na revogação dessa autonomia. A razão das ficções não se encontra mais separada da dos fatos cotidianos. O espaço ficcional se encontra com efeito invadido pela multiplicidade das vidas que até então não contavam: as vidas obscuras, normalmente dedicadas apenas à reprodução dos trabalhos e dos dias.

Apesar disso, essa revolução tomou duas figuras opostas. Há, com efeito, duas maneiras de revogar o modelo representativo aristotélico. A primeira recusa os limites dentro dos quais ele limitara seu campo de aplicação, mas mantém a estrutura interpretativa. É a maneira utilizada pelas ciências sociais em geral e pelo marxismo em particular. Ela pretende abolir a hierarquia entre um tempo privilegiado da ação regido pela racionalidade causal e um tempo da reprodução da vida material abandonado à pura sucessão. Ela aplica ao mundo obscuro da vida material a mesma racionalidade que aquela que outrora foi reservada às ações espetaculares e aos agenciamentos da ação trágica. Ela faz mais ainda com o marxismo, afirmando que é no mundo obscuro da produção material que se encontra o princípio causal fundamental das ações humanas. Mas essa transformação do modelo hierárquico mantém sua estrutura: segundo sua lógica, aqueles que vivem no tempo da produção ignoram suas leis. Vivem na sucessão dos fatos que ocorrem uns após os outros. Somente os que vivem no tempo da ciência possuem a compreensão dos mecanismos causais dos quais os outros veem apenas os efeitos, ou seja, as sombras invertidas na caverna da ideologia.

Tal é a primeira forma de revolução do modelo ficcional clássico. Ela estende seu modelo explicativo ao conjunto das atividades humanas, mas mantém a estrutura hierárquica da separação dos tempos. A coisa é completamente diferente na revolução específica da literatura. Esta aboliu também a fronteira entre a razão das ficções e a razão dos fatos, mas ela o fez atacando o próprio modelo da dupla temporalidade. Ela o fez inventando maneiras de descrever as situações e de contar o tempo, abolindo a barreira que, de um lado, deixava sem história as vidas dos homens e mulheres do cotidiano e, de outro, as nobres vidas dos homens ativos na procura de seus objetivos. Cada vida tornou-se objeto digno de ficção. É o que resume a famosa frase de Flaubert segundo a qual Yvetot, pequena cidade normanda insignificante, equivale a Constantinopla. Não se trata aqui apenas de afirmar que o escritor pode encontrar seus assuntos em qualquer lugar e elevá-los da mesma maneira à dignidade da arte. Se a vida mais insignificante é digna de entrar na ficção, é na medida em que é capaz de se separar de si própria, de se ficcionalizar a si própria. A ficção moderna se baseia no direito de todas e de todos ficcionalizarem sua própria vida. Admitir esse direito supõe um duplo trabalho fundamental, um trabalho sobre o tempo e um trabalho sobre a língua. Gostaria de ressaltar o aspecto fundamental desse duplo trabalho antes de me consagrar às formas específicas que ele adquire em João Guimarães Rosa.

O trabalho sobre o tempo não pode consistir numa simples reviravolta que privilegie a sucessão pura e simples sobre a racionalidade causal dos encadeamentos. Ele consiste em substituir um tempo que exclui por um tempo que inclui. O tempo do modelo ficcional clássico exclui duplamente. Ele o faz sobre um eixo vertical separando o tempo dos homens ativos do tempo dos homens e mulheres do cotidiano. Ele o faz também sobre o eixo horizontal fazendo de cada momento uma simples etapa no caminho que vai do começo ao fim. O tempo da ficção moderna é um tempo da coexistência, um tempo duplamente inclusivo. É um tempo atômico que apaga a separação entre o mundo dos ativos e o mundo dos passivos, tornando denso o tempo chamado cotidiano, fazendo de cada momento o teatro de uma multidão de acontecimentos ou de microacontecimentos sensíveis partilhados por todos. Ao mesmo tempo, é um tempo feito de momentos que não desaparecem no momento seguinte, mas penetram uns nos outros, se comunicam à distância e se estendem ao infinito sobre o eixo horizontal. É esse tempo que Erich Auerbach caracterizou, em *Mimesis*, como o tempo igualitário da ocorrência qualquer ou do instante qualquer. Ele analisou esse tempo novo da ficção a partir de um breve episódio de *To the lighthouse* [*Rumo ao farol*] (1927) de Virginia Woolf, romance que consiste na narração de dois momentos, uma noite e uma manhã, separados pela distância de uma guerra mundial. Guimarães Rosa nos diz, a respeito de seu conto em *Sagarana*, que "a estória de um burrinho, como a história de um homem grande, é bem dada no resumo de um só dia de sua vida".[3] Mas é preciso não se equivocar sobre esse privilégio do tempo comprimido: o instante qualquer não é simplesmente o átomo simples de um tempo da coexistência; é também e prin-

---

[3] Rosa, João Guimarães. Sagarana. *In: Ficção completa*. Rio de Janeiro: José Olympio, 1978. p. 4.

cipalmente um tempo crítico, um momento que oscila entre a existência e a inexistência. A ficção moderna não é a operação que faz todo o mundo entrar no universo da ficção. Se ela des-hierarquiza o tempo, é, pelo contrário, marcando a linha tênue que, para cada vida, une e separa simultaneamente dois tempos cuja diferença é quase imperceptível: um tempo da vida vivida, um tempo ordinário que se contenta em passar, e um tempo no qual alguma coisa se passa, o tempo de uma vida que se inventa como diferente daquela a que ela estava destinada.

A esse trabalho sobre o tempo corresponde um trabalho sobre a escrita. É o paradoxo aparente da ficção moderna; a democratização da ficção passa por um trabalho formal que, à primeira vista, parece contradizê-la. Yvetot corresponde a Constantinopla com a condição de que se construa o tempo da equivalência e que se invente a língua exibida uma na outra. Ora, essa língua só pode desempenhar esse papel se ela romper com o regime normal das designações e das descrições pelas quais os espaços de vida separados estão normalmente postos cada um em seu lugar. Foi essa necessidade que tornou possível acusar de formalismo ou de elitismo os autores que levaram mais longe a tentativa de incluir a vida inteira no universo da ficção. Ora, talvez seja Guimarães Rosa quem respondeu da maneira mais rigorosa a essa acusação, pelo modo como ele se afirmou escritor do sertão numa célebre entrevista a um crítico alemão.[4] Ser um escritor do sertão não é falar a língua que se utiliza todos os dias no sertão. É, pelo contrário, trabalhar a língua ordinária para afastá-la dela mesma, para que cada palavra seja uma nova palavra, uma palavra semelhante ao que ela seria se fosse usada pela primeira vez, o mais proximamente possível da linha que separa a fala do silêncio, o mais proximamente, portanto, da capacidade pela qual toda vida se inventa ao

---

[4] Rosa, João Guimarães. Diálogo com Gunter Lorenz. *In: Ficção completa.* Rio de Janeiro: José Olympio, 1978. p. 49. v. 1.

se dizer. Nesse sentido, diz ele, Goethe, Flaubert, Tolstói ou Dostoiévski são homens do sertão. São homens que interiorizaram da maneira mais profunda a diferença que a fala traça no coração da vida dos habitantes desse sertão onde nunca estiveram. Zola, por outro lado, é, no máximo, um habitante de São Paulo, um cidadão da metrópole que vê de longe o povo distante do sertão e acredita dar conta de sua vida copiando algumas expressões típicas de sua linguagem ordinária.[5]

A partir daí podemos identificar a maneira pela qual a obra de Guimarães Rosa se inscreve na problemática das bordas da ficção. As bordas da ficção não são os territórios que a limitariam do exterior. São os lugares, as formas, as palavras e a organização das palavras que ela inventa para tornar visível a linha ao mesmo tempo radical e quase imperceptível que reúne e separa ao mesmo

---

[5] Rosa, João Guimarães. Diálogo com Gunter Lorenz. *In*: *Ficção completa*. Rio de Janeiro: José Olympio, 1978. p. 49. v. 1.

tempo duas formas de experiência: a experiência do tempo que passa e a experiência do tempo em que acontece alguma coisa. É aí que passa, com efeito, a linha de separação decisiva para a ficção, e não na oposição do real e da invenção. Pois as invenções são realidades, e, reciprocamente, é preciso um trabalho ficcional para construir um sentido de real, isto é, uma forma de coexistência das coisas percebidas que as mantenha juntas e uma forma de relação entre acontecimentos que lhes dê sentido. A verdadeira linha decisiva em que a ficção se constrói e ganha sentido é a que separa o "nada está acontecendo" do "está acontecendo alguma coisa". A ficção moderna é a ficção do momento e do ato às bordas do nada. Esse nada não é o "Nada"[6], é o comum do tempo que passa e da vida repetitiva. Ora, podemos dizer que é essa fronteira entre o nada e o acontecimento que fica no centro de todas as narrativas de Rosa. E é para

---

[6] N.T.: "Rien" e "néant" se traduzem por "nada", por isso a maiúscula para "Néant" (Nada).

torná-la sensível que ele inventa a todo momento uma língua que se mantém o mais próxima possível de uma origem fictícia da língua. Ser um habitante do sertão é saber que todo indivíduo é um pesquisador de sua própria vida, um ser habitado por palavras e ficções, um condutor de palavras e de ficções. O escritor do sertão é aquele que radicaliza essa função de guia das ficções criando formas narrativas e formas linguísticas que atravessem o território inteiro da língua para unir as invenções mais requintadas dos poetas ou as intuições mais puras dos místicos aos estribilhos ou provérbios da sabedoria dita popular.

É essa operação que é condensada na série de epígrafes colocada no início da antologia de contos intitulada *Corpo de baile*. Ela começa com uma citação de Plotino que nos diz que o centro do círculo é imóvel, mas que, se a periferia o fosse também, ela própria seria um centro imenso. Isso termina numa canção popular que fala do prazer sentido na fervura da mandioca, na carne do tatu e nos sapatos das mulheres. Entre esses dois extremos há uma citação chave de Plotino – ou atribuída a Plotino – que compara a vida ao movimento do dançarino. Podemos dizer então que o escritor é ele próprio o dançarino que evolui em cima da corda que une o pensamento do filósofo místico ao estribilho popular para exprimir essa dança que cada vida representa a partir do momento em que ela é captada pelo poder das palavras e da ficção. O escritor é aquele que tece sem fim a teia que permite que as experiências mais radicais da invenção literária se comuniquem com os estribilhos idiotas mencionados por Rimbaud, aqueles estribilhos idiotas que cadenciam as vidas aparentemente mais estranhas às sublimidades da literatura. Quase todas as histórias de Rosa têm como assunto a vida dos criadores de gado, boiadeiros ou outros habitantes das regiões mais afastadas do sertão. E, entretanto, todas usam, para contá-las, formas narrativas e linguísticas consideradas em geral como reservadas aos estetas urbanos formados pela poesia hermética de Mallarmé ou pela prosa sofisticada de Joyce.

Essa solidariedade do escritor "modernista" e do sertanejo adquire ela mesma duas grandes formas, das quais poderíamos dizer que uma procede por enriquecimento e a outra por subtração. De um lado, ficam aquelas narrativas que transformam em epopeia homérica, canção de gesta ou romance de cavalaria a vida dos boiadeiros ou a dos chefes de bandos de jagunços. Referimo-nos evidentemente em primeiro lugar ao único romance de Rosa, *Grande sertão: veredas,* no qual os combates dos bandos de mercenários que estavam geralmente a serviço de potentados locais se transformam num romance de cavalaria em torno da figura arquetípica do guerreiro misterioso com cara de anjo que revela ser, no momento da morte, uma virgem guerreira. Mas podemos pensar também nos longos contos de *Sagarana* ou de *Corpo de baile* que transformam em episódios fantásticos ou épicos os acontecimentos normais da vida do sertão. Refiro-me, por exemplo, ao "Burrinho pedrês", que abre *Sagarana*. A história é dedicada a um episódio obrigatório da vida dos boiadeiros: a condução do gado à cidade onde aguardam os compradores. Ora, esse episódio ordinário que faz parte da vida econômica do sertão vai se transformar numa história mitológica ou bíblica de dilúvio no qual perecerão os briosos cavalos e seus cavaleiros e do qual escapará o burrinho desprezado e prestes a ser aposentado. Essa metamorfose é significada desde o início da narração, onde a descrição dos bois de todas as raças enviados ao matadouro lembra de maneira irresistível o célebre catálogo das naus do canto II da *Ilíada*.[7] Pode-se também pensar no longo conto "Manuelzão", originariamente chamado "Uma história de amor". A história não tem, no entanto, aparentemente nada a ver com o amor. Ela é consagrada à festa dada pelo capataz de uma criação de gado para a inauguração de uma minúscula capela à Virgem, que ele mandou construir a fim de imprimir sua marca nesse ter-

---

[7] Rosa, João Guimarães. Sagarana. *In: Ficção completa*. Rio de Janeiro: José Olympio, 1978. p. 200-202. v. 1.

ritório, do qual ele nem é o dono. No começo da história, há um episódio significativo, o da descrição das oferendas de todos os tipos trazidas à Virgem pelas pessoas desse lugar perdido: ovos de gavião pintados, cestas de musgo,[8] moedinhas antigas, machados em sílex polido semelhantes a peixes decapitados, trombone enferrujado, rosários feitos de feijão vermelho, velhas cartas de baralho, livros de contas antigos, punhado de penas de arara ou um sudário que ainda não serviu.[9] O narrador se pergunta se é por ingenuidade ou, pelo contrário, por malandragem que os fiéis dão de presente à Virgem todas essas velharias sem valor. Mas essas velharias compõem também algo como um retábulo barroco, um tesouro dos pobres que testemunha, desde o início, a presen-

---

[8] Rosa, João Guimarães. Manuelzão e Miguilim. *In*: *Ficção completa*. Rio de Janeiro: José Olympio, 1978. p. 544-545. v. 1. N.T.: No original: "balaios com musgos". *Corpo de baile*. São Paulo: Nova Fronteira, 2010.
[9] Rosa, João Guimarães. Manuelzão e Miguilim. *In*: *Ficção completa*. Rio de Janeiro: José Olympio, 1978. p. 544-545. v. 1.

ça da arte e do insólito nas vidas mais ordinárias. Aqui não é mais no catálogo das naus que se pensa, mas numa enumeração insensata: a dos objetos insólitos que James Agee extrai das gavetas dos móveis dos rendeiros miseráveis de *Let us now praise famous men,* outra celebração bíblica da vida dos humildes. E é exatamente a presença da arte nessa vida que fornece a trama à narrativa da festa dada por Manuelzão. Esta é com efeito pontuada por uma série de performances: as histórias estranhas contadas por uma velha camponesa cujas feições se transfiguram quando ela fala, os acentos diabólicos do violino ou do acordeão, as danças conduzidas por um menino raquítico desenfreado, ou as narrativas e os estribilhos de um velho mendigo cego que os acumulou um pouco em toda a parte durante sua vida. As palavras dessas histórias e dessas canções são como "noções idiotas", nos diz o narrador. Assim, por exemplo, esta quadra consagrada a um pássaro negro das florestas: "o bicho que tem no mato, o melhor é o pass'o preto: todo vestido de luto, assim mesmo satisfeito".[10] Mas, acrescenta o narrador, assim que memorizamos esses estribilhos idiotas, descobrimos o seu sentido de longe, no fundo de si. Essas quadras vivem à nossa volta sem que possamos atingi-las, mas de uma vida imortal, como as histórias. E cada canção é uma história. A vida ordinária, em suma, está cercada desses estribilhos, e essas histórias não pertencem a ninguém. Quem as retoma por sua conta[10] faz coincidir, segundo Plotino, o centro e a periferia. É o que fazem o velho mendigo e a velha camponesa que são os heróis dessa "história de amor". E é o que faz o escritor que compõe seu sertão de ficção como uma narrativa iniciatória. A festa dada por Manuelzão se encerra com uma última história contada pelo velho cantador: uma história de boiadeiros, que é a de um Boi-bonito que não se deixa aproximar e de um boiadeiro

---

[10] Rosa, João Guimarães. Manuelzão e Miguilim. *In*: *Ficção completa*. Rio de Janeiro: José Olympio, 1978. p. 560-561. v. 1.

desconhecido, chamado Vaqueiro menino, que, sozinho, realizará a façanha de montar um cavalo mágico e domar o Boi-bonito. Esse Vaqueiro menino sem nome, reconhecemos nele, é claro, a figura de Perceval em busca do Graal que a ficção de Rosa tornou exatamente semelhante a uma criatura fabulosa do sertão. A festa e a narrativa terminam juntamente com essa história. Depois disso, a vida ordinária será retomada: a tropa de bois a conduzir até a cidade. A ficção de Rosa traça assim a linha que ao mesmo tempo une e separa a festa e a vida. Essa relação ambígua é ela mesma pensada de duas maneiras diferentes. Por um lado, Manuelzão parece pensar que essa "festa devia de durar sempre-sem fim". Mas o voto é logo corrigido, pois "o que há, de rente, de todo dia, é o trabalho". O verdadeiro papel da festa é assim indicado: "A festa não é pra se consumir

– mas para depois se lembrar..."[11] Ela é um momento de exceção capaz de se comunicar à distância com outros momentos de exceção. A festa ou a ficção é a vida reinventada, diferente da vida ordinária, mas que, no entanto, não cessa de circundá-la. E a tarefa do escritor é a de inventar narrativas que as façam coincidirem.

O que acabo de evocar é a primeira forma dessa coincidência: a forma do enriquecimento que transforma a história provinciana numa narrativa épica ou numa canção de gesta. Esse tipo de narrativa procede por uma espécie de enriquecimento exponencial da vida dos seres ordinários. Ele nos revela o tesouro que cerca a vida dos pobres: estribilhos idiotas e histórias fabulosas, mas também descrições vertiginosas de todos os pássaros e vegetais que transformam o sertão numa paisagem encantada. Mas existe também a forma

---

[11] Rosa, João Guimarães. Manuelzão e Miguilim. *In*: *Ficção completa*. Rio de Janeiro: José Olympio, 1978. p. 568 e 612. v. 1.

inversa, a das histórias mínimas que povoam duas antologias escritas mais tardiamente por Rosa: a que se chama simplesmente *Primeiras estórias* e a que ele chamou de *Tutameia* ou *Terceiras estórias*, apesar de as segundas não terem nunca existido. São histórias que podemos considerar como subtrativas por duas razões: em primeiro lugar, evidentemente pela brevidade delas. São contos de poucas páginas, privados da abundância de personagens, animais, vegetais, narrativas e canções que transformam em epopeia os episódios da vida do sertão. Mas são menos histórias breves do que bordas de história, quase-histórias que delimitam as bordas de toda história. Cada uma é como o desenvolvimento de uma fórmula: estribilho, provérbio ou jogo de palavras. Mas da mesma forma são histórias que estão todas na beira[12] do nada. Ora, essa beira do nada pode ser percorrida em duas direções opostas. Às vezes se

---

[12] N.T.: *Bords* pode ser traduzido por bordas, margens, beira.

trata da dinâmica que faz emergir o "algo acontece" de uma situação na qual nada deveria acontecer. Outras vezes, encontramos um movimento em sentido oposto, um movimento radicalmente subtrativo. Não se trata, com efeito, de um retorno ao ordinário do tempo que então passa, mas, pelo contrário, de um movimento de negação radical desse ordinário. É o que nos contam as ficções do extraordinário, ficções do *nonsense* em que uma existência se despoja de todos os atributos da vida normal a fim de habitar o lugar puro, o lugar insensato da ficção.

Do primeiro tipo, consta, por exemplo, nas *Primeiras estórias*, a história do "Audaz navegante". Naquele dia, nos diz a primeira frase, "parecia não acontecer coisa nenhuma".[13] Mas é esse nada que é recusado pela menina que se aplica em for-

---

[13] Rosa, João Guimarães. Partida do audaz navegante. *In: Primeiras estórias*. Rio de Janeiro: José Olympio, 1978. p. 100. N.T.: No original, o autor do ensaio utiliza uma tradução diferente da tradução francesa das *Premières histoires* (Paris: Ed. Métailié, 1982, p. 131).

çar como autodidata as portas da linguagem e da ficção. O início da história mostra-a ocupada em possuir a linguagem aprendendo de cor as trinta e cinco palavras que aparecem numa caixa de fósforos. Ela tentará em seguida fazer com que exista uma história, a do audaz navegante. Mas ela não cessa de transformar essa história: o audaz navegante partiu primeiro para o mar numa exploração longínqua; numa segunda versão, está separado da moça que ele ama por um vagalhão; na versão final acabará partindo com ela. Mas essa partida não é, simplesmente, palavra. O barco fabuloso vai com efeito se encorpar sob a forma de uma bosta de vaca seca com um pequeno cogumelo por cima e guarnecida de flores campestres que a tempestade arrancará à margem para transportá-la para o rio.

Existem, portanto, de um lado essas ficções de crianças que encontram nos campos os materiais de realização de suas histórias de amor e de navegação. Mas há também, no polo oposto, histórias que se afastam radicalmente, de despojamento absoluto. Não são mais crianças ou boiadeiros ignorantes que transfiguram a realidade para torná-la conforme seus desejos. São chefes de família, proprietários conscientes, homens de bom senso que saem do caminho normal, do que o autor chama de "viver ordinário", e adotam um comportamento radicalmente aberrante. É, por exemplo, em "Nada e a nossa condição"[14] o caso de um homem "que ninguém conheceu uma vez" pelo que ele era: um príncipe de conto de fadas escondido sob a aparência de um honesto fazendeiro sem histórias chamado Man'Antonio.[15] Diante da morte da mulher, Man'Antonio se lança com efeito numa estranha empresa. Decide fazer de sua propriedade um espaço completamente despojado, um espaço que se estenda até os ci-

---

[14] Rosa, João Guimarães. Nada e a nossa condição. *In: Primeiras estórias*. Rio de Janeiro: José Olympio, 1978. p. 69. N.T.: O autor utiliza "Nous et notre condition" (Nós e nossa condição), diferente do original.

[15] Rosa, João Guimarães. *Primeiras estórias*. Rio de Janeiro: José Olympio, 1978. p. 443. N.T.: No original, trata-se de "tio Man'Antonio".

mos, até onde o olhar possa parar quando nada lhe servir de obstáculo. Para isso ele mobiliza camaradas e jardineiros. Estes limpam as colinas e destroem os bosques e os canteiros de flores que davam prazer à sua defunta esposa. Do espaço assim despojado suas filhas logo são expulsas, casadas com genros que as levarão para viver longe. Mas em seguida ele se excluirá a si próprio desse espaço sem limites, isto é, também sem propriedade. Ele cederá pouco a pouco seus bens a todos aqueles que gravitam em torno dele – empregados de todas as cores, camponeses e vaqueiros – antes de desaparecer ele mesmo e que seu corpo se transforme em cinzas no incêndio final que devora sua casa.

Pode-se certamente ver todas as alegorias possíveis nessa história que lembra, especialmente, histórias religiosas exemplares de ricos senhores transformados em santos ermitãos. Mas parece-me mais exato ver nela uma ficção da própria ficção. É ao que nos convida o preceito enigmático que Man'Antonio oferece aos membros de sua família e aos operários encarregados de realizarem as obras: "Faz de conta."[16] Em outras palavras, parem de acreditar "no que existe", no que se reproduz incessantemente, semelhante a si mesmo; entrem no espaço da ficção. Esse espaço da ficção é a verdadeira vida. O que as obras extravagantes encomendadas por Man'Antonio propõem é a criação do espaço desfamiliarizado, desdomesticado dessa verdadeira vida. Mas essa criação supõe que a ficção consuma ela própria todo o seu material. À sua maneira o brioso fazendeiro leva a sério a célebre frase de Proust: "A verdadeira vida, a vida enfim descoberta e esclarecida, a única vida portanto realmente vivida, é a literatura."[17] Ele sacrifica sua propriedade e sua vida para transformar essa frase de escritor em uma realidade material. Ele procede como Dom Quixote que se sacrificava para confirmar a ver-

---

[16] Rosa, João Guimarães. *Primeiras estórias*. Rio de Janeiro: José Olympio, 1978. p. 71-72.
[17] Proust, Marcel. *Le temps retrouvé*. Paris: Édition GF, 1954. p. 289-290.

dade dos romances de cavalaria. A verdadeira vida é a ficção, esse centro ausente da vida ordinária com o qual não se pode coincidir senão por meio de uma radical extravagância, separando-se de todos os seus pertences, de todos os atributos e de toda a sabedoria do "viver ordinário". O espaço inteiramente despojado da propriedade de Man'Antonio é o espaço da ficção apreendida em sua face radical, substrativa, o espaço da verdadeira vida que é negação radical da vida.

Essa negação radical do viver ordinário, o trabalho da ficção, é o de mantê-la no âmago desse viver. É a lição de uma outra história ainda mais estranha, a da "Terceira margem do rio". O herói aqui é um honesto pai de família, "homem cumpridor, ordeiro e positivo; e sido assim desde mocinho e menino".[18] Um dia, por razões desconhecidas, ele constrói uma canoa para uma pessoa e parte nela para o rio. Mas não vai para a outra margem, não

---

[18] Rosa, João Guimarães. *Primeiras estórias*. Rio de Janeiro: José Olympio, 1978. p. 27.

desce tampouco o rio. Ele permanece no meio do rio,[19] quase sempre invisível, mas reaparecendo regularmente no mesmo lugar, como se o próprio rio fosse uma morada fixa, escapando ao destino de todo rio que é desaguar no mar. À sua maneira, ele também "faz de conta". Ele se instala num meio que não é mais o meio de nada, que é o centro idêntico à periferia de Plotino. Assim, o narrador nos diz: "Aquilo que não havia, acontecia."[20] Essa estação do herói da história no meio de um meio sem limites tem o mesmo efeito que a loucura de Man'Antonio: ele afugenta a mulher e as filhas para os lugares do viver ordinário. Só o filho, o narrador, permanece no lugar com "as bagagens da vida", como o guardião daquele que se retirou no meio, no fora do tempo. Mas ele sente que precisaria de mais alguma coisa para sua função de vigia. Precisaria tornar-se o herdeiro, o

---

[19] "Só executava a invenção de se permanecer naquelas espaços do rio, de meio a meio...". (p. 28).
[20] Rosa, João Guimarães. *Primeiras estórias*. Rio de Janeiro: José Olympio, 1978. p. 28.

sucessor desse pai singular que se retirou da ordem da filiação, e ir tomar seu lugar no meio do rio. Toma então a decisão e, na aparição seguinte do pai, acena-lhe de longe. O pai parece aquiescer, mas, no momento em que sua canoa vai se aproximar da margem, o filho se retrai. A história então fica condenada a se acabar numa dupla ausência: o pai desaparece para sempre, o filho permanece na margem: ele é, diz o fim da história, "o que não foi", aquele que doravante vai "ficar calado" "nos rasos do mundo".[21]

Evidentemente a história se apresenta como uma apologia, e isso desde o próprio título. A "terceira margem do rio" é uma expressão duplamente absurda. Não só simplesmente porque um rio só tem, por definição, duas margens. É também porque não faz sentido designá-las como a primeira e a segunda. Se a "terceira margem" tem um sentido, é então o da supressão das duas ou-

---

[21] Rosa, João Guimarães. *Primeiras estórias*. Rio de Janeiro: José Olympio, 1978. p. 32.

tras: a instauração de um meio puro, um meio que não é o meio de nada, mas que é um universo autônomo e infinito. A "terceira margem" só adquire um sentido como a negação de dois rios bem conhecidos – pelo menos metaforicamente –, dois rios que passam não entre duas margens, mas entre um ponto de partida e um ponto de chegada. Os dois rios que a ficção do meio nega são, evidentemente, a vida que passa entre o nascimento e a morte e a ficção da qual se sabe, desde Aristóteles, que deve ter um começo e um fim e um meio que permita passar de um ao outro. A ficção nova é a de um tempo que parou de passar à moda antiga, que se tornou um puro meio. É isto seguramente que se encontra no centro da revolução ficcional moderna: um tempo feito de instantes que se estendem ao infinito e se interpenetram ao invés de se suprimirem uns aos outros na corrida para atingir o ponto final. O que a ficção moderna torna autônomo não é a arte ou a linguagem, é o instante como meio puro sem começo nem fim. É o que nos diz Rosa no conto

"A estória do homem do Pinguelo",[22] construída como um diálogo entre dois interlocutores: um que conta uma história extravagante de troca frutuosa entre um gado esquelético e um comércio abandonado, e o outro que comenta a narração. É este último que abre a narração por uma declaração que revoga toda a herança aristotélica : "Nada em rigor tem começo e coisa alguma tem fim, já que tudo se passa em ponto numa bola..."[23] O pequeno ponto de uma bola é "o instante qualquer" cuja força Auerbach lia em Virginia Woolf. É o lugar em que se desdobra a ficção moderna, o lugar sem bordas comum à barca do *Rumo ao farol* e ao barco improvisado pela menina do "Audaz navegante". Mas esse lugar sem bordas no interior do qual a invenção ficcional desenvolve sua força só

---

[22] "L'homme à la gâchette" é o título do conto proposto por Mathieu Dosse, em *Mon oncle le jaguar & autres histoires*. Paris: Editions Chandeigne, p. 253. N.T.: No original, trata-se da "Estória do homem do Pinguelo". Rio de Janeiro: José Olympio, 1976. p. 99.
[23] "Estas estórias". *Ficção completa*, vol. 2, p. 801.

existe na relação arriscada que ele mantém entre a vida limitada que ele ladeia e que o ladeia. É dessa relação borda a borda entre o que é delimitado e o que é sem limites que nos falam as histórias de Guimarães Rosa. É isso que ele põe em ficção, esse lugar sem margens, que está o tempo todo lá, ao lado do viver ordinário. É o que permite lançar de vez em quando pequenos barcos de fantasia que partem para o mar das histórias. Está lá o tempo todo sempre próximo, mas, ao mesmo tempo, só se pode atingi-lo pulando no desconhecido e largando as amarras. A ficção não é o lugar dos sonhos onde se vai descansar dos aborrecimentos da vida ordinária. Ela é a negação radical dessa vida ordinária, é a verdadeira vida, aquela a que é preciso se dedicar inteiramente.

A essa negação da vida Rosa dá às vezes o simples aspecto da fantasia que põe tudo de cabeça para baixo. É, por exemplo, o que faz o herói de um conto de *Tutameia* chamado "Desenredo".[24]

O marido de uma mulher infiel com quem ela tinha traído seu primeiro marido, que ela desposou em seguida e que o traiu também, tenta, contra toda evidência, reconstituir a história para fazer com que todos acreditem, e em primeiro lugar ele próprio e à mulher que o abandonou, que esta é pura e sem máculas. Depois disso, ela poderá voltar ao lar para um novo casamento, que será, desta vez, sem nuvens. Mas na "Terceira margem do rio", não se trata de retomar a vida ordinária depois de deixar toda a história sem pé nem cabeça. Trata-se da ruptura radical pela qual é possível se subtrair à vida ordinária para entrar no meio puro da ficção. Esse meio puro não é o meio da história que se reinventa segundo a própria fantasia. É aquele que dá lugar e tempo a toda fantasia. É o do não começado, dessa

---

[24] Rosa, João Guimarães. *Tutameia*. Rio de Janeiro: José Olympio, 1978. p. 38.

verdadeira vida que só é assim se largar todas as amarras que a unem à outra. A "verdadeira vida" da ficção só pode suplementar ou enriquecer a vida ordinária passando pelo momento negativo, pela mediação dessa exterioridade radical, desse *nonsense* absoluto que ilustra a partida do pai para esse rio que não flui.

A essa noção de *nonsense* é preciso atribuir toda a sua força na empresa de Rosa. Ele põe, com efeito, a antologia inteira de *Tutameia* sob o signo do *nonsense*. Todas as histórias dessa antologia podem se resumir à pequena história absurda que ele conta no primeiro prefácio; a história desse vendedor de rua a quem gritam: "Manuel, corre para Niterói. Tua mulher enlouqueceu, tua casa está pegando fogo". O vendedor larga seu carro e corre para pegar o barco que leva para o outro lado da baía do rio antes de se dar conta, no momento de desembarcar, que ele não se chama Manuel, não mora em Niterói, não tem mulher nem casa. Essa anedota é muito conhecida, nos diz Rosa. Não sei se, de fato, ele um dia a ouviu. Mas me espanto, por outro lado, com a semelhança com uma outra história absurda que pertence à história da ficção. Penso naquela carta à Dulcineia que Dom Quixote redigiu no seu caderno e que ele pede a Sancho Pança que mande recopiar por um padre na aldeia vizinha para enviá-la para Dulcineia. Sancho pergunta como fazer para imitar sua assinatura na carta. Dom Quixote o tranquiliza por meio de quatro argumentos. Primeiro, Dulcineia não conhece a assinatura de Dom Quixote. Segundo, ela não sabe quem é Dom Quixote. Terceiro, ela mesma não sabe que ela é Dulcineia. Quarto, ela não sabe ler. Pode-se dizer que estamos em pleno *nonsense*. Mas, precisamente, o *nonsense* dá à ficção uma dimensão bem mais forte do que a simples confusão do real e do sonho à qual ela é em geral reduzida. E ele não se reduz tampouco à simples liberdade da fantasia que brinca com as palavras. O *nonsense* é a operação que desfaz o consenso, isto é, a relação entre o perceptível, o pensável e o dizível que constitui a grade ordinária na qual a vida se desenvolve "normalmente" do começo ao fim, bem enquadrada entre as margens da evidência sensível e da significação. A "verdadeira vida" é aquela que saiu dessas bordas, que se livrou da grade consensual em cujo interior a vida está prisioneira. A missão absurda confiada por Dom Quixote a Sancho ou o comportamento absurdo do pai que se foi para o meio do rio não são simples divertimentos de escritores. São mandamentos que dão ao trabalho da ficção sua tarefa. É isso que agrava a fraqueza do filho que renuncia a tomar o lugar do pai. Ele recusa tomar seu lugar na transmissão da mensagem insensata da verdadeira vida. Por conseguinte, ele é condenado desde então a se calar, isto é, a partilhar o ordinário de uma vida que não é mais "descoberta e iluminada" pela passagem do outro lado, porque a canoa e seu ocupante desapareceram.

Mas essa história de bordas e margens e de passagem pode ser lida em sentido contrário. O meio do rio dá à escrita da ficção seu mito que é, evidentemente, platônico. Mas esse mito só se diz a partir da margem da "vida ordinária". Pois a verdadeira vida não se conta a si própria. Sua verdade permanece muda. Ela é a de uma vida que se consome ela própria até não passar de cinzas, como Man'Antonio e sua propriedade, ou que desaparece no "in-começado", como a canoa no rio que não se escoa. O que se conta então, o que transmite a lembrança da verdadeira vida, é o encontro na margem que é também o encontro pelo qual a margem se desdobra: de um lado, ela é a margem ordinária dos rios nos quais se navega ou que se atravessa; do outro, ela é a margem orlada pelo que não tem borda. O encontro às vezes se descreve no modo absurdo e trágico da ruptura absoluta, como para Man'Antonio ou para o pai desaparecido. Quase sempre ele se descreve como uma regulação da relação entre as bordas, como nas histórias de "João Porém, o criador de perus" ou de "Lá nas campinas", incluídas em *Tutameia*:[25] histórias de homens que fazem pros-

---

[25] Rosa, João Guimarães. *Tutameia*. Rio de Janeiro: José Olympio, 1978. p. 74 e 84.

perar com calma suas pequenas empresas e ao mesmo tempo reservando no fundo deles mesmos o lugar de uma infância fabulosa ou de um amor imaginário distante. Podemos afirmar que esse compromisso é um engodo. Mas a fé do escritor supõe que é somente graças a esse engodo que a vida ordinária às vezes encontra a verdadeira vida. É necessário estar na margem para dizer e para transmitir a memória do rio sem bordas. Os exercícios de acrobacia aparentemente formais aos quais se consagra o escritor Guimarães Rosa são uma maneira de se manter em equilíbrio sobre uma ou outra margem de um rio que é ao mesmo tempo um rio sem margens. São o modo de ligar seu trabalho próprio com o trabalho que toda a vida é capaz de exercer para se afastar de seu curso normal.

Essa é a lição de uma outra história em que a margem do rio se transforma num cais de estação, o conto chamado "Soroco, sua mãe e sua filha".[26]

---

[26] Rosa, João Guimarães. *Primeiras estórias*. Rio de Janeiro: José Olympio, 1978. p. 13.

O que o torna precioso é que nele se encontram confrontadas duas maneiras de se retirar do viver ordinário. Há a cisão interna que chamamos de loucura, pela qual indivíduos perdem o sentido normal da vida. E há essa outra cisão pela qual a vida ordinária encontra a verdadeira vida da ficção. De fato, são duas loucas, a mãe e a filha do pobre Soroco, que são as heroínas da história. No cais as espera um trem que deve conduzi-las sem retorno a um outro espaço sem bordas que é ao mesmo tempo um espaço bem preservado: o asilo no qual são contidas aquelas e aqueles que perderam a cabeça. Nada deveria portanto acontecer nesse cais a não ser o adeus àquelas que não sabem mais para onde vão. Ora, essa borda do adeus se torna a cena de conversão da loucura ordinária na loucura ou no *nonsense* da ficção. E essa conversão vai se manifestar como o ato que retém num mundo comum aquelas que partem.

Esse ato não é, como sempre para Rosa, quase nada. Simplesmente, a jovem louca levanta um braço e começa a cantar. É uma canção desafinada da qual não se consegue nem pegar o tom nem entender a letra. É, portanto, uma música à beira do simples ruído que deveria impelir a moça mais ainda na loucura, subtraí-la mais ainda do mundo daquelas e daqueles que aí estão para lhe dizer adeus. Ora, é o contrário que vai ocorrer. Essa melodia desafinada que ninguém pode identificar vai na verdade circular de boca em boca e transformar finalmente o cais da estação em cena de ópera. Primeiro é a avó que a retoma no momento da partida e acompanha a neta num canto interminável. Depois, quando o vagão se afasta, a canção é repetida em solo pelo próprio Soroco e, enfim, pela multidão que a repete em uníssono acompanhando em coro Soroco até sua casa vazia. "A gente, com ele, ia até aonde que ia aquela cantiga."[27] Mas justamente não há limite a esse "até onde". A performance da louca ultrapassou a fronteira em que ela normalmente para. Ela transformou a partida para o asilo num salto no espaço do meio, o

---

[27] Rosa, João Guimarães. *Primeiras estórias*. Rio de Janeiro: José Olympio, 1978. p. 16.

espaço do não começado. E a multidão a seguiu indo também para além de sua performance normal que é o gesto de compaixão em relação às vítimas da infelicidade. Ela começou, ela também, a fazer uma coisa que não sabia ser capaz de fazer, cantando essa canção que desconhecia e que não entendia nem um pouco. Ela se tornou ela mesma canção. E essa canção partilhada retém num mundo comum aquelas que não estão mais nele.

Tal é o poder de transgressão da ficção. A ficção não é a ilusão consoladora que alivia as dores dos humildes. Mas ela tampouco é a virtuosidade dos hábeis que jogam com as palavras e inventam histórias extravagantes. Ela é a capacidade que tem a vida, entre os mais humildes e os mais ordinários, de se elevarem além dela mesma. É para prolongar esse poder que o escritor do sertão que vive longe do sertão desempenha o papel desse bailarino do qual fala Plotino. Cada uma de suas histórias se instala como um centro na periferia, um centro precário onde a verdadeira vida vem lembrar a outra e lhe fornece a claridade como esse pedaço de mandioca, de uma brancura ofuscante em torno do qual Rosa constrói a história de amor entre um fazendeiro tímido e a filha de um leproso.[28] Cada uma dessas histórias renova o pacto que une a performance do escritor a uma grande quantidade de outras histórias: os estribilhos idiotas dos cantadores do sertão, as histórias extravagantes que contam os boiadeiros entre eles – e às vezes os próprios bois –, o gesto da criança que atira sob a tempestade seu barco aleatório, os amores imaginários do razoável criador de perus ou o canto inventado pela louca a caminho do asilo. João Guimarães Rosa é talvez o escritor que mostrou de maneira mais forte que a revolução literária moderna não é absolutamente o isolamento da linguagem tornada autônoma em seu mundo próprio. Ela é, pelo contrário, a manifestação de uma solidariedade radical entre as invenções da literatura e aquelas que cada vida é capaz de criar.

---

[28] Rosa, João Guimarães. Substância. *In: Primeiras estórias*. Rio de Janeiro: José Olympio, 1978. p. 133.

POSFÁCIO

Uma colagem pela noite: o Rosa de Rancière

Eduardo Jorge de Oliveira*

* **Eduardo Jorge de Oliveira** é professor assistente de Estudos Brasileiros (Literatura, Cultura, Media) no Instituto de Romanística da Universidade de Zurique – UZH. É membro do Centro da América Latina (LZZ) e do Centro de Artes e de Teoria da Cultura, da mesma universidade. É autor de *A invenção de uma pele: Nuno Ramos em obras* (Iluminuras, 2018) e *Signo, sigilo: Mira Schendel e a vivência da escrita imediata* (Lumme Editor, 2019). Pela Relicário, é autor de *Como se fosse a casa: uma correspondência* (com Ana Martins Marques, 2017), tradutor de *As desordens da biblioteca* (de Muriel Pic, 2015), *Musica Ficta* (de Philippe Lacoue-Labarthe, 2016), *As máquinas celibatárias* (de Michel Carrouges, 2019), *O espaço das palavras: de Mallarmé a Broodthaers* (Relicário, 2020), *A vertical das emoções: as crônicas de Clarice Lispector* (Georges Didi-Huberman, 2021) e coordenador da Coleção Peles Inventadas.

O primeiro contato de Jacques Rancière com a obra de João Guimarães Rosa foi quando alguém lhe havia lido trechos do *Grande sertão: veredas* num hotel em Ouro Preto em 1967. Desde então, Rosa se tornou a leitura de cabeceira do filósofo francês, que compreende muito bem o português. A relação Rancière e Rosa ficou mais concreta aos leitores de ambos em 2017, quando foi publicado em *As margens da ficção* (*Les bords de la fiction*) o último capítulo, "O momento sem medida" ("Le moment sans mesure"). Trata-se sobretudo de uma análise de *Primeiras estórias*, de 1962, que foi traduzido para o francês por Inês Oseki-Dépré em 1982, sob o título *Premières his-*

toires. Assim, no espírito de uma rede de relações, este livro concretiza alguns encontros pelas vias da tradução – Rosa para França, Rancière para o Brasil –, pois Inês Oseki-Dépré, por sua vez, traduziu o presente ensaio de Rancière, fruto de uma conferência que ele ministrou na Universidade de Zurique em março de 2019.

Pouco depois da conferência, perguntei-lhe qual foi a percepção do universo do sertão rosiano na Paris de 1968, já que ele havia conhecido o livro no ano precedente. Rancière disse apenas que são dois universos distintos. No entanto, completou, a aproximação dele com a história operária vem de uma sensibilidade aos distantes e ao inacessível, e que se poderia imaginar uma colagem entre *A noite dos proletários: arquivos do sonho operário* com as páginas do *Grande sertão: veredas*. É com esse espírito de colagem que se coloca *A noite dos proletários* ao lado de *Grande sertão: veredas*.

A diferença os sustenta: *A noite dos proletários* é um livro em cujo título, adverte Rancière, não se verá nenhuma metáfora (2012 [1981], p. 7). É abordada a vida de uma centena de proletários que, por volta de 1830, decidiu, cada um por sua conta, "não suportar o insuportável", buscando romper com a manutenção indefinida das forças da servidão com as que dominam (2012 [1981], p. 7). De fato, há uma diferença radical em relação ao ambiente do sertão, numa noite que é totalmente outra, em que por vezes se tateia ou, nas palavras de Rosa, "às tatas na cegueza da noite, não diferenciando um ái dum êi" (1967 [1956], p. 113). O que as torna próximas é o fato de que são noites em que estórias são fabricadas. Cada uma delas na sua singularidade, impressa em algum jornal operário, lida com o modo de vencer o cansaço dos dias repletos de atividades manuais, nos limites do insuportável, enquanto, no sertão, é da noite espessa em que *nada* ou *quase nada* ocorre que emerge toda uma arte de contar estórias. Um dos exemplos é a seguinte passagem de um diálogo em que o nome *Diadorim* é revelado a Riobaldo:

— "Riobaldo, pois tem um particular que eu careço de contar a você, e que esconder mais não posso... Escuta: eu não me chamo *Reinaldo*, de verdade. Este é nome apelativo, inventado por necessidade minha, carece de você não me perguntar por quê. Tenho meus fados. A vida da gente faz sete voltas – se diz. A vida nem é da gente..."
Ele falava aquilo sem rompante e sem entonos, mais antes com pressa, quem sabe se com tico de pesar e vergonhosa suspensão.
— "Você era menino, eu era menino... Atravessamos o rio na canoa... Nos topamos naquele porto. Desde aquele dia é que somos amigos".
Que era, eu confirmei. E ouvi:
— "Pois então: o meu nome, verdadeiro, é *Diadorim*... Guarda este meu segredo. Sempre, quando sozinhos a gente estiver, é de Diadorim que você deve me chamar, digo e peço, Riobaldo..."
Assim eu ouvi, era tão singular. Muito fiquei repetindo em minha mente as palavras, modo de me acostumar com aquilo. E ele me deu a mão. Daquela mão, eu recebia certezas. Dos olhos. Os

olhos que ele punha em mim, tão externos, quase tristes de grandeza. Deu alma em cara. Adivinhei o que nós dois queríamos – logo eu disse: – *"Diadorim... Diadorim!"* – com uma força de afeição. Ele sério sorriu. E eu gostava dele, gostava, gostava. Aí tive o fervor de que ele carecesse de minha proteção, toda a vida: eu terçando, garantindo, punindo por ele. Ao mais os olhos me perturbavam; mas sendo que não me enfraqueciam. Diadorim. Sol-se-pôr, saíamos e tocamos dali, para o Canabrava e o Barra. Aquele dia fora meu, me pertencia. Íamos por um plaino de varjas; lua lá vinha. Alimpo de lua. Vizinhança do sertão – esse Alto-Norte brabo começava. – Estes rios têm de correr bem! eu de mim dei. Sertão é isto, o senhor sabe: tudo incerto, tudo certo. Dia da lua. O luar que põe a noite inchada (1967 [1956], p. 120-121).

A densidade da noite – ou a noite inchada – adere a tudo que pode ser simultaneamente mínimo e essencial, como o nome que não é apenas um modo de chamamento, mas pode ser um pacto e um modo de explorar a própria noite como quem tateia a linguagem. Cada palavra se não pertence à paisagem passa a pertencer, pois Rosa leva a linguagem ao estado de um maravilhamento tal que mesmo um nome revelado, Diadorim, se torna uma preparação para a noite. Talvez aproximando um livro do outro, o de Rancière ao de Rosa, se perceba que não se verá metáfora na noite em *Grande sertão: veredas*, pois seria justo ler a noite na obra magistral de Rosa a partir do que Drummond chamou de "noite física". Noite pode tanto concentrar a vida imprópria quanto a verdade de um único nome, Diadorim, que é uma palavra que crepita, que tem uma luz que lhe é própria. Trata-se de uma noite que também reúne de modo oximoresco o incerto e o certo, uma força de um companheirismo e de um segredo que pode ser mantido a dois, numa prova de afeto que mantém um mundo compartilhado. Rancière, que observa tão atentamente a partilha do mundo sensível, é tocado por tal forma de habitar o mundo do sertão, sobretudo por aquilo que ele chamou de "fábulas do quase nada" (*Les bords de la fiction*, 2017, p. 177) em *Primeiras estórias*. Será que tais noites perdidas no tempo entram em alguma frequência com aquela dos proletários, literalmente arrancadas da única possibilidade de repouso entre os dias cansativos impostos pelo trabalho duro? Essa pode ser uma aproximação feita pela diferença sobretudo no campo da ficção, na circulação da palavra e suas relações com as atividades dos corpos, sobretudo quando as noites proletárias recolhidas e analisadas por Rancière revezavam ou, quando não, uniam, apesar da exaustão física dos corpos explorados, uma disposição ao estudo e à embriaguez (2012 [1981], p. 7). Elas produzem outro mundo possível a partir das questões centrais de *A noite dos proletários*, a saber, de um lado, um desejo trânsfuga de retirar-se da existência proletária que, apesar disso, "forjou a imagem e o discurso da identidade operária" (2012 [1981], p. 10), e, de outro, os discursos dos intelectuais que romantizaram os dias nas fábricas e a própria glória do povo. Tais observações na prática criam bordas e margens do pensamento, abrindo espaço para além de toda contradição que possa existir em cada um dos fatos. E talvez seja por isso que Jacques Rancière tenha um interesse pela ficção, sobretudo para reorganizá-la em relação a outros discursos que se servem do estatuto fundado por Aristóteles, na *Poética*, mas também por Auerbach, na *Mimesis*, autores que são lidos atentamente sob o crivo da partilha do mundo comum. Guimarães Rosa, por exemplo, é um autor que tem uma posição relevante naquilo que sua obra apresenta em termos de margens, de invenção de mundo e de conhecedor da força física e fabuladora da noite. Das noites de sertão, precisamente. Noites que insistentemente não são metáforas. Sua posição é a de que a ficção mantém uma dimensão vital, fazendo com que os lugares ditos "sem história" deflagrem mundos povoados de histórias.

*

Uma colagem de duas noites, enfim, mostra que existem duas margens, ou melhor, muitas margens, bordas, ou, nas palavras de Inês Oseki-Dépré, beiras, bordas, limites, pois o termo francês *bords* permite as variações que a tradutora atentou para o português. Enfim, são noites que declinam as mais diversas nuances das bordas, que dispõem os corpos num tipo de atenção que altera tanto os movimentos repetitivos dos corpos em longas jornadas, como é o caso dos proletários, quanto as que mantêm os corpos em estado festivo único, como nos versos cantados em uma das páginas do *Grande sertão: veredas*: "Vida é sorte perigosa / passada na obrigação: / toda noite é rio-abaixo, / todo dia é escuridão" (1967 [1956], p. 241).

É a partir desses versos ou ainda da própria revelação do nome, *Diadorim*, por exemplo, que pode se pensar na própria desregulação das noites e dos dias. Esse talvez seja o efeito central da colagem: essa desregulação, essa nova mudança de ritmos ou de partilha dos dias e das noites, pois, como assinala Rancière, na *Noite dos proletários*, tal momento ajuda "a questionar a evidência das relações entre as palavras e as coisas, o antes e o depois, o possível e o impossível, o consentimento e a recusa" (2012 [1981], p. 12). Existe uma alteração do tempo que ocorre a partir das margens, e, nesse sentido, a literatura ainda é um campo de invenção das margens e da alegria. É advertindo seu leitor que Rancière escreve sobre "ficções-limite", sobre aqueles que nada podem ou que vivem num mundo onde nada acontece ou onde algo ocorre (2017, p. 16). Por essas bordas ou margens:

> O [...] leitor verificará facilmente que estas investigações sobre as aventuras modernas da racionalidade ficcional ressoam de muitas maneiras com aquelas que tenho dedicado às aventuras sensíveis através das quais novos sujeitos são constituídos, mundos comuns são formados e conflitos de mundos surgem: através do qual as palavras se tornam carne e desviam vidas de seu destino, as noites in-

terrompem o ciclo normal do dia e da noite, os olhares através das janelas geram a divisão dos corpos proletários, estátuas mutiladas, crianças piolhentas ou as brincadeiras de palhaços criam uma nova beleza, e o tatear dos ignorantes diante dos sinais da escrita define outra vida da inteligência. Através de todas essas aventuras, a mesma investigação continua, sobre a revolução pela qual aqueles que não são nada se tornam tudo (2017, p. 17).

Embora as noites não sejam as mesmas, *As margens da ficção*, de Rancière, dispensa a colagem proposta, pois o livro marca um percurso que vai das "portas e janelas", que é a primeira parte, seguindo até a quarta e última parte, que é a "margem do nada e do tudo", numa possível tradução para "Le bord du rien et du tout", onde se situa, no final, o ensaio sobre Guimarães Rosa.

Além de *Les bords de la fiction*, em 2017[1] também foi publicado um livro de entrevistas com Rancière. *En quel temps vivons-nous?* é uma obra

---

[1] Também em 2017, Silviano Santiago publicou *Genealogia da ferocidade*, livro que lança um novo olhar para a obra de Rosa, sobretudo pela hipótese segundo a qual Guimarães Rosa, que escreveu apenas um romance, *Grande sertão: veredas*, publicado em 1956, é um autor que a crítica literária brasileira não soube domesticar. De suas histórias, sempre haverá uma parte selvagem que permanecerá irreconciliável com a civilização. Em certo sentido, existe uma outra formulação de margem que a obra de Rosa mantém vivamente em ação. Nas palavras de Rancière, "uma ação se define classicamente pela relação entre uma distribuição autônoma de energia e a finalidade em direção a qual essa ação se direciona" (2017, p. 30). Nesse sentido, a partir de Santiago e de Rancière, pode-se perceber em *Grande sertão: veredas* um imenso catálogo de palavras e de gestos, cujas ações são reproduzidas indefinidamente. O controle de Rosa de tais minúcias é uma das fontes inesgotáveis de leitura da obra, pois, por mais que ela seja lida e relida, sempre novas ações surgirão. Mesmo sabendo que essa é uma caraterística de uma criação literária, na referida obra de Rosa existe uma riqueza inesgotável de ações que, a partir de Silviano Santiago, não são facilmente domesticáveis, isto é, apreensíveis.

breve, resultado de uma conversa entre ele e Eric Hazan. Num determinado momento, quando Hazan pergunta se o trabalho não produz mais mundo, pelo menos numa perspectiva ocidental, Rancière, ao responder-lhe, chama a atenção para "uma maneira diferente de habitar o mundo sensível em comum" (2017, p. 32) que pode ser observada muito mais num modo de viver no presente do que na preparação de um mundo porvir (2017, p. 32). Mas a pergunta de Hazan vai além, ela apresenta componentes que opõem o luto à oportunidade, à qual se deve literalmente associar a palavra *chance*, para novas maneiras de lutar e formas de vida inéditas (2017, p. 32). Como um dos grandes intérpretes do "comum", Rancière situa uma vida intensiva no presente que implica observar uma impossibilidade de se tirar lições do passado em termos de estratégias, pois, afinal, existe sempre uma "constelação de momentos – alguns dias, semanas, às vezes anos – que criam dinâmicas temporais próprias dotadas mais ou menos de intensidade e de duração" (2017, p. 31), cuja sensibilidade se forma fora dos espaços institucionais da política.

É ainda em torno da mesma questão posta por Hazan que Rancière se compromete com o presente, não no sentido de afirmá-lo na sua maneira mais hipostática em termos de "presentismo", como sugeriu François Hartog (2003, p. 18) em *Regimes de historicidade*, mas na perspectiva de que o próprio tempo presente permite a criação de lacunas, e é para isso que ele, Rancière, trabalha: "Não trabalhamos para o porvir, trabalhamos para criar uma lacuna, uma vereda no presente, para intensificar a experiência de outro modo de ser. Isto é o que venho tentando dizer desde *A noite dos proletários*" (2017, p. 32). Pela disposição de termos como *bordas*, *margens*, *lacunas* ou mais precisamente *veredas* – se quisermos traduzir o que ele chama de "sillon", dobra ou sulco –, Rancière se aproxima de Rosa, não no papel de escritor, mas naquilo que a própria imaginação crítica é capaz de lidar concretamente em termos políticos, palavra que Rosa não utilizaria, mas que, em um contrassenso, a política se abre a partir das lacunas e das margens ou, como Rancière escreveu no presente ensaio sobre Rosa:

> A ficção moderna é a ficção do momento e do ato às bordas do nada. Esse nada não é o "Nada", é o comum do tempo que passa e da vida repetitiva. Ora, podemos dizer que é essa fronteira entre o nada e o acontecimento que fica no centro de todas as narrativas de Rosa. E é para torná-la sensível que ele inventa a todo momento uma língua que se mantém o mais próximo possível de uma origem fictícia da língua. Ser um habitante do sertão é saber que todo indivíduo é um pesquisador de sua própria vida, um ser habitado por palavras e ficções, um condutor de palavras e de ficções. O escritor do sertão é aquele que radicaliza essa função de guia das ficções criando formas narrativas e formas linguísticas que atravessem o território inteiro da língua para unir as invenções mais requintadas dos poetas ou as intuições mais puras dos místicos aos estribilhos ou provérbios da sabedoria dita popular.

Uma concretude política se abre na circulação simultânea das palavras escritas e do ferro forjado, como se lê em *A noite dos proletários*, mas também na sensibilidade do sertão, em suas afinidades linguísticas e sua paisagem, cuja homologia nunca é de todo harmônica, mas que, à semelhança das noites proletárias, exige uma pesquisa da própria vida. Os espaços ficcionais que se abrem são da ordem de veredas, pois é com tais margens que elas partilham indefinidamente as mais diversas possibilidades de vida em um grande mundo sensível. À luz de uma colagem que faz do filósofo francês um pensador que conhece e reconhece, em meio às mais diversas emergências e manifestações sensíveis e políticas, a dinâmica entre a força e a fragilidade do sertão. Com a sensibilidade dessas noites proletárias e do sertão, além do breve percurso em torno de suas margens, é possível imaginar novos modos de circulação de uma "alegria sem licença, nascida esbarrada" (1967 [1956], p. 113) que, deslocada do *Grande sertão: veredas*, estabelece novos sentidos para mundos distantes e compartilhados por Jacques Rancière.

Referências

HARTOG, François. *Régimes d'Historicité*. Présentisme et expériences du temps. Paris: Seuil, 2003.
RANCIÈRE, Jacques. *La nuit des prolétaires*. Archives du rêve ouvrier. Paris: Fayard/Pluriel, 2012 [1981].
_____. *Les bords de la fiction*. Paris: Seuil, 2017.
_____. *En quel temps vivons-nous?* Conversation avec Eric Hazan. Paris: La Fabrique, 2017.
ROSA, João Guimarães. *Grande Sertão: Veredas*. Rio de Janeiro: José Olympio, 1967 [1956].
SANTIAGO, Silviano. *Genealogia da Ferocidade*. Ensaio sobre Grande Sertão: Veredas, de Guimarães Rosa. Pernambuco: Cepe, 2017.

Sobre o autor

Jacques Rancière é um filósofo francês nascido na Argélia em 1940. Professor da European Graduate School de Saas-Fee e professor emérito do Departamento de Filosofia da Universidade de Paris VIII, é uma referência fundamental do pensamento contemporâneo, tendo a sua vasta obra adentrado o espaço público nas últimas décadas. Os seus textos abarcam e relacionam temas diversos como filosofia, historiografia, literatura, política, pedagogia, cinema, estética e arte contemporânea.

1ª edição [2021]

Esta obra foi composta em Minion Pro e Avenir
sobre papel Pólen Bold 90 g/m² para a Relicário Edições.